프리다 칼로

꿈을 이룬 인물 탐구
프리다 칼로

고통을 예술로 승화시키다

수잔 카츠 글 | 안나 산펠리포 그림 | 양진희 옮김

(주)교학사 함께자람

차례

1장
예술가가 태어나다 → 6

2장
14 ← 어린 시절

3장
생명을 구하다 → 24

4장
32 ← 세계를 여행하다

5장
프리다가 빛나던 시절 → 40

6장
프리다가 유명해지다 → **48**

56 ← **7장**
마지막까지 투쟁하는 사람

8장
그래서 프리다 칼로는 어떤 인물인가요? → **64**

70 ← **낱말 풀이**

프리다 칼로를 만나다

프리다 칼로의 삶은 어릴 때부터 평범하지가 않았어요. 많이 아파서 침대에 누워서 지내야 했거든요. 여동생들이 학교에 가고 나면 프리다는 혼자 남겨졌어요. 프리다는 심심해지면 상상을 하기 시작했어요.

프리다는 상상 속에서 친구를 만들어 냈어요.

'창문에 구멍이 있어. 친구와 함께 그 구멍에서 기어 올라가 신나는 나라로 가는 거야. 공상 세계로 들어가 거기서 춤추고 노는 거야.'

그 모습이 막 떠올랐어요. 프리다는 상상했던 이야기들을 그림으로도 그렸어요. 바로 그게 예술가로 가는 지름길이었지요.

프리다는 자라면서 많은 어려움을 겪었고, 많은 것이 변했어요. 변하지 않은 건 믿어지지 않을 만큼 놀라운 프리다의 상상력뿐이었어요. 상상력은 프리다를 멕시코에서 가장 유명한 예술가로 만들었어요.

프리다는 오랜 시간 동안 병과 싸우며 고통 속에 살았어요.

깊이 생각하기

프리다는 어떻게 예술을 통해 자기 자신을 표현할 수 있었다고 생각하나요? 어떻게 예술이 세상을 변화시킬까요?

그림은 자신이 어떻게 느끼는지 보여 주고 자신의 생각들을 세상과 공유하기 위한 방법이었어요.

프리다는 자신이 태어난 멕시코를 사랑했어요. 그래서 멕시코의 문화를 **상징**하는 것들을 그림에 많이 사용했어요. 프리다는 화려한 꽃으로 장식하는 것을 좋아하고 발목까지 내려 오는 긴 드레스를 즐겨 입었어요. 곁에는 개들과 사슴, 그리고 심지어 거미원숭이까지, 반려 동물들이 여럿 있었어요. 동물을 사랑하는 프리다는 그림에 동물을 자주 그렸어요.

프리다는 성격이 강하고 독립적이었어요. 프리다가 태어난 1900년대 초반에는 진정한 예술가라고 부를 만한 여성들이 거의 없었어요. 여성들은 집 밖에서 일을 하거나 고등 교육을 받거나 여행을 할 수도 없었어요. 그렇지만 사회적 편견도 프리다를 막지 못했어요. 프리다는 고등 교육을 받고 마음껏 여행도 하고 하고 싶은 일을 하며 살았어요.

> 내 인생은 그림을 그리면서
> 완성되었어요.

프리다의 멕시코

프리다 칼로는 1907년 7월 6일 멕시코에서 태어났어요. 프리다의 이름은 막달레나 카르멘 프리다 칼로 이 칼데론으로 아주

길었어요. 가족들은 프리다로 불렀어요. 프리다는 아름다운 사람들과 맛있는 음식, 화려한 축제들 그리고 높은 산들이 있는 멕시코를 사랑했어요.

　프리다는 자라면서 멕시코 **정부**에 문제가 많다는 걸 알았어요. 멕시코의 지도자는 국민들이 무엇을 원하는지 관심이 없었어요. 멕시코 국민들은 혁명을 일으켰어요. 사람들이 거리에서 시위를 했어요. 프리다와 프리다의 엄마는 군인들을 자신들의 집인 블루 하우스에 맞이하여 따뜻한 음식을 대접하고 잠시 쉬게 해 주었어요. 프리다는 군인들이 노동자들에게 인생이 얼마나 불공평한지 이야기하는 것을 들었어요. 그 이야기를 들으며 '모두에게 공정한 사회를 만드는 데 도움이 되고 싶다.'는 생각을 갖게 되었어요.

 프리다의 아버지인 길레르모 칼로는 독일 출신으로 헝가리계 **이민자**였어요. 프리다의 엄마, 마틸드 칼데론 이 곤잘레즈는 **메스티소**라고 하는 멕시코 여성이었어요. 마틸드의 부모는 멕시코 원주민과 스페인 사람이었어요. 프리다는 아버지 쪽에 훨씬 더 가까웠어요. 아버지는 사진 작가이자 화가였어요. 아버지도 프리다처럼 예술과 동물들을 사랑했어요. 아버지 길레르모는 프리다를 많이 사랑했어요. 아픈 프리다에게 아주 다정했어요. 프리다는 항상 아버지가 자식 중에 자기를 제일 사랑한다고 느꼈어요. 프리다는 아버지의 물감과 붓을 마음껏 쓸 수 있었어요. 프리다가 다쳤을 때 프리다의 부모는 프리다가 침대에 누워서도 그림을 그릴 수 있도록 특수한 이젤을 만들어 주었어요.

프리다가 유명해지기까지 오랜 시간이 걸렸는데 그만큼 많은 일을 겪었어요. 프리다는 유명한 화가를 만나서 결혼을 했고, 나중에 자기만의 미술 **전시회**를 열 수 있었어요! 어떻게 프리다가 병을 이겨 내고 최고의 자리에 올랐는지 알아보기로 해요.

언제인가요?

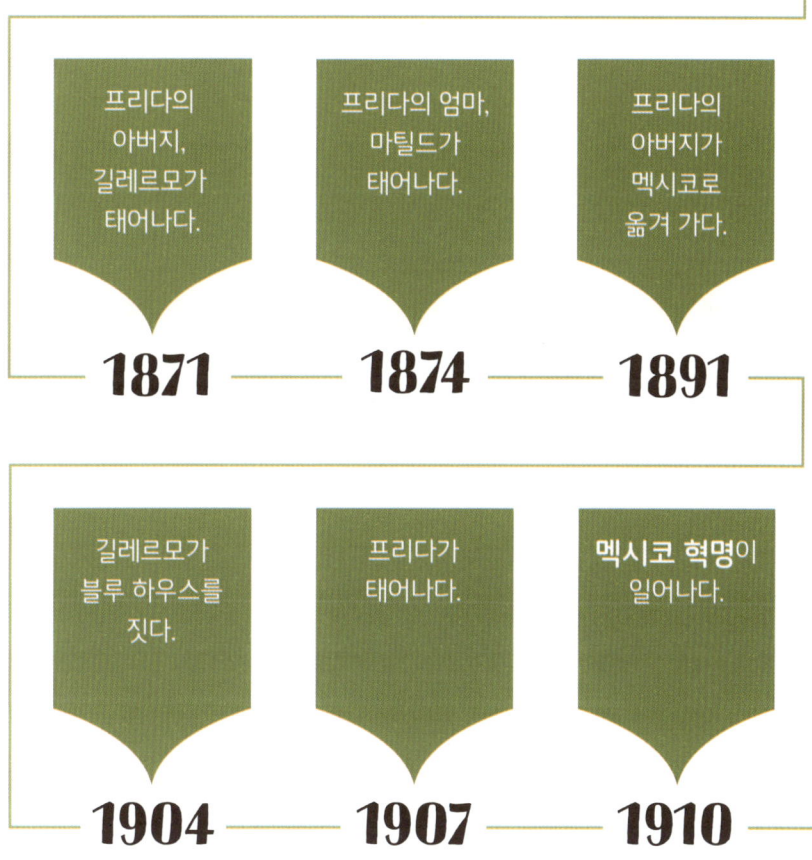

멕시코 코요아칸에서 성장하다

프리다는 라 카사 아줄(영어로 블루 하우스)에서 태어났어요. 라 카사 아줄은 프리다에게 매우 특별했어요. 아버지가 손수 짓고 페인트칠을 했거든요. 그 집은 멕시코의 수도인 멕시코시티의 외곽에 있는 코요아칸이라는 마을에 있었어요. 프리다는 인생의 대부분을 이 집에서 살았어요.

프리다는 여섯 살이 되었을 때 **소아마비**라고 하는 병에 걸렸어요. 열이 심하게 오르고 계속 피곤해 했어요. 프리다는 여러 달 동안 침대에 누워 있어야만 했어요.

소아마비로 인해 프리다는 오른쪽 다리가 왼쪽 다리보다 짧고 가늘게 되었어요.

프리다는 다른 아이들에게 놀림을 받았어요. 아이들은 프리다를 '프리다 파타 데 팔로(나무다리 프리다)'라고 불렀어요. 프리다는 집에서 침대에 있어야만 하는 게 슬펐지만, 그 대신 아버지와 많은 시간을 함께 보낼 수 있어서 기쁘기도 했어요.

건강이 조금 회복되자 프리다는 아버지와 함께 여행을 갔어요. 멕시코 정부에서 프리다의 아버지에게 멕시코 곳곳을 다니며 사진 찍는 일을 맡겼어요. 여행을 다니면서, 프리다의 아버지는 프리다에게 사람과 자연을 그리는 방법을 가르쳐 주었어요.

프리다의 상상력은 마구마구 뻗어 나갔어요!

여행을 다녀오면, 프리다는 급히 방으로 들어가 여행하면서 본 모든 아름다운 것들이 기억 속에서 사라지기 전에 그림을 그렸어요.

종이를 오려서 만든 멕시코 국기와 비둘기 같은 상징물을 그림에 집어 넣었어요.

자연을 사랑한 프리다는 온갖 종류의 곤충들과 동물들을 불

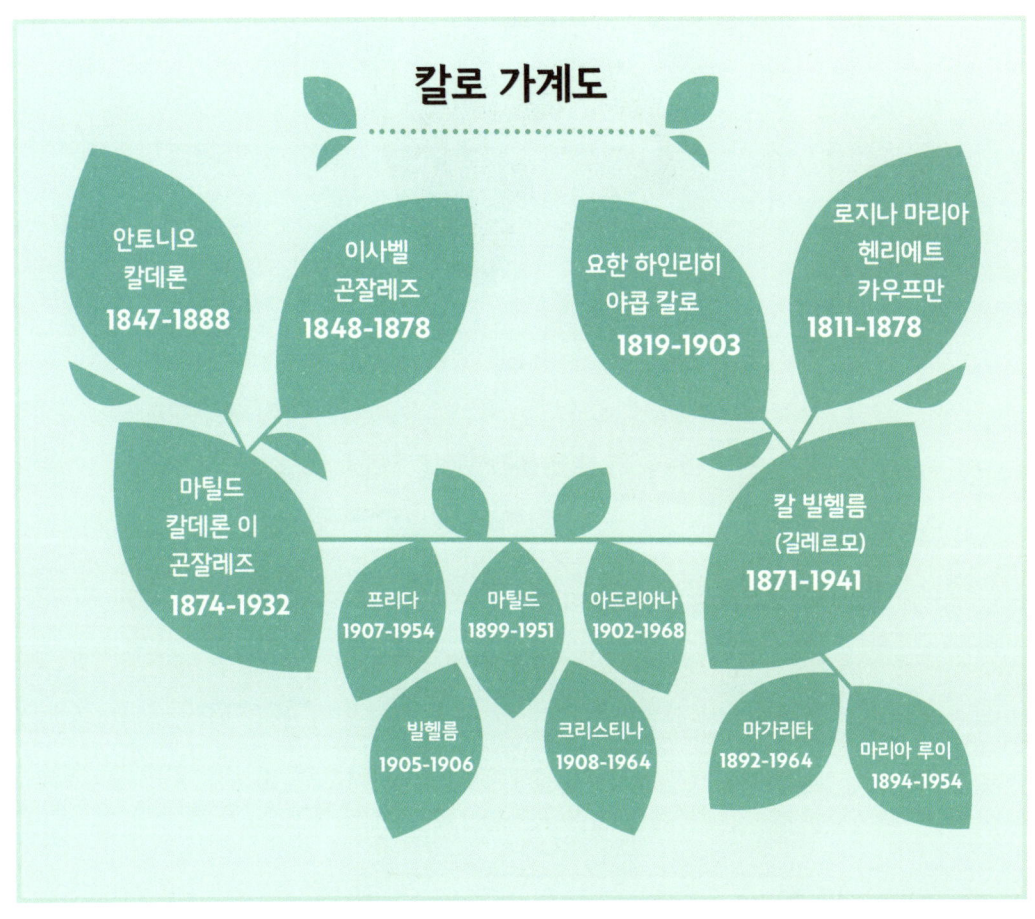

루 하우스에 데려왔어요. 프리다의 엄마는 좋아하지 않았지만, 아버지는 프리다의 호기심을 응원해 주었어요.

프리다는 **현미경**으로 동물이나 식물을 관찰하고 나서, 가까이에서 본 것을 그리기도 했어요. 프리다의 그림에 있는 커다란 곤충들은 정말로 멋져 보였어요!

깊이 생각하기

동물들의 어떤 점이 사람들의 기분을 좋게 만들까요?

장래 희망은 의사

프리다는 매우 똑똑한 학생이었어요. 멕시코시티에서 가장 우수한 고등학교에 합격할 만큼 똑똑했어요. 엘리트 국립예비학교에 들어갈 수 있는 여학생은 많지 않았어요. 이 학교는 남학생들이 2,000명이 넘었지만 여학생은 35명뿐이었어요. 프리다는 그중 한 명이었어요.

프리다는 의사가 되고 싶어 했지만 학급에서 자주 문제를 일으켰어요. 친구들에게 심한 장난을 쳐서 학교에서 퇴학을 당하기도 했어요!

프리다가 고등학교를 다니는 동안 멕시코 혁명은 점점 커져만 갔어요.

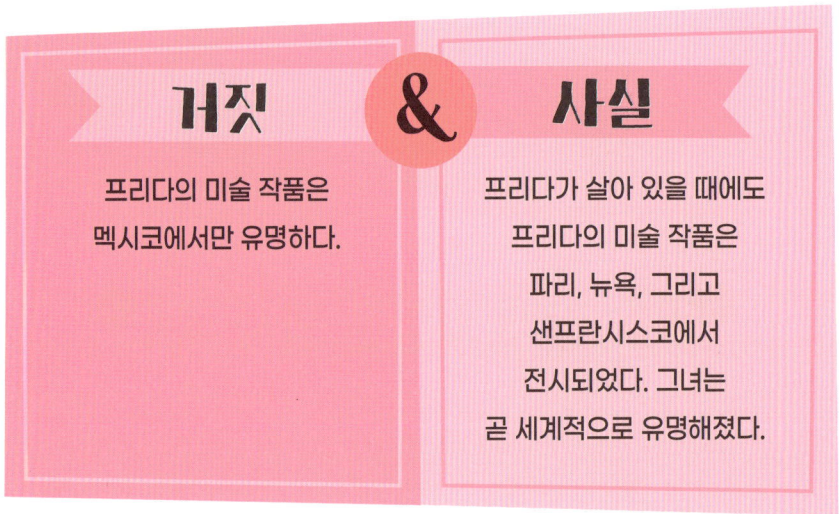

거짓 & 사실

프리다의 미술 작품은 멕시코에서만 유명하다.

프리다가 살아 있을 때에도 프리다의 미술 작품은 파리, 뉴욕, 그리고 샌프란시스코에서 전시되었다. 그녀는 곧 세계적으로 유명해졌다.

몇 년 후 프리다는 여자 친구 몇 명과 남자 친구인 알레한드로 고메즈 아리아스와 함께 민중들의 투쟁에 가담했어요. 프리다의 친구들은 사회 문제를 다룬 책들을 읽고 토론하는 것에도

관심이 있었어요.

　프리다의 학교에서 많은 예술가들을 초대하여 벽에 거대한 그림들을 그리게 한 적이 있어요. 바로 벽화를 그리는 거였지요.

벽화에는 혁명 기간 동안 멕시코에서 일어나고 있는 일들이 담겼어요. 대부분의 예술가들은 남자였어요.

1922년, 프리다가 열다섯 살이었을 때, 디에고 리베라라는 유명한 멕시코 화가도 프리다의 학교로 벽화를 그리러 왔어요. 프리다는 그 화가에게까지 장난을 쳤어요!

디에고가 올라가 있는 사다리에 비누를 놓아 두었던 거예요. 자기의 마음을 알리려고요.

언제인가요?

1913 — 프리다가 소아마비에 걸리다.

1921 — 프리다가 국립예비학교에서 공부를 시작하다.

1922 — 프리다가 학교에서 디에고 리베라를 만나다.

프리다는 디에고에게 한눈에 반했어요. 자기의 마음을 보여 주려고 디에고가 올라가 있는 사다리에 비누를 놓는 이상한 방법을 썼던 거지요!

3장

생명을 구하다

진로 변경

프리다는 나무로 된 낡은 버스를 타고 학교에 다녔어요. 1925년 9월 17일, 열여덟 살이었던 프리다는 알레한드로와 함께 버스를 타고 가다가 교통사고를 당했어요. 프리다는 매우 심하게 다쳐서 목숨을 잃을 뻔했어요. 큰 사고로 척추를 다치는 바람에 여러 달 동안 침대에 누워서 지냈어요. 서른두 번이나 수술을 하고 온몸에 깁스를 했어요!

의사들은 어쨌든 프리다가 살아난다고 해도 다시 걷지는 못할 거라고 했어요.

몇 달 동안 계속 침대에 누워 있어야 해서 프리다는 매우 속이 상했어요.

프리다에게 있는 건 상상력과 예술이 전부였어요. 다행스럽게도 상상력과 예술은 그 어느 때보다도 강렬했어요.

프리다는 깁스 위에 알록달록한 나비들을 그리기 시작했어요. 자신의 발을 그리기도 했어요. 자신의 발밖에 볼 수 없었거든요!

그런 일이 있고 난 후, 프리다의 부모는 프리다를 위한 특수한 이젤을 만들어 주고 프리다의 머리 위쪽에 거울을 달아 주었어요. 프리다는 자신의 모습을 그리는 그림인 **자화상**을 그리기 시작했어요. 너무 오랫동안 혼자 지내던 프리다는 다른 사람이나 다른 어떤 것보다 자기 자신에 대해 더 알고 싶어서 자신의 모습을 그렸다고 말했어요.

프리다가 처음으로 제대로 그린 그림은 「벨벳 드레스를 입은 자화상」이었어요.

프리다는 그림을 통해 자신의 슬픔과 고통을 표현했어요. 슬플 때면, 그림 속 물체들과 색상이 어둡고 음울했는데, 귀신이 나올 것처럼 으스스하기도 했어요.

프리다가 행복할 때는 그림이 밝고 활기가 넘쳤어요. 프리다는 몸 안이 고장 난 것처럼 느낄 때가 있었는데, 그런 느낌까지도 그림으로 표현해 냈어요.

프리다는 의지도 강했어요. 그러는 사이에 시간이 흘러 프리다가 다시 걷는 법을 배우게 되었을 때 가족들과 의사들은 깜짝 놀랐어요!

> 나는 아프지 않아요.
> 나는 고장 난 거예요.
> 하지만 나는 그림을
> 그릴 수만 있다면
> 살아 있는 게 행복해요.

깊이 생각하기

안 좋은 일들이 생겼을 때에도, 종종 그 속에서 좋은 일이 일어나기도 해요. 여러분은 이럴 때, 어떤 생각이 드나요? 여러분의 삶에서나 역사에서 시간에 대해 생각할 수 있나요?

프리다는 교통사고로 몸의 여러 군데 뼈가 부러져서 겉모습이 변했어요. 프리다는 자주 아파서 괴로웠고 절뚝거리며 걸었어요. 프리다는 자신의 몸을 가리기 위해 긴 드레스를 입기 시작했어요. 뿐만 아니라 반드시 착용해야 하는 목 보조기를 가리기 위해 깃이 높은 블라우스를 입었어요. 프리다는 이런 식으로 옷을 입어서 다친 곳들을 가렸어요.

프리다의 독특한 스타일은 그녀의 작품과 함께 '프리다 패션'이라고 불리며 유명해졌어요.

 다시 디에고를 만나다

프리다는 여전히 멕시코 혁명에 관심이 많았어요. 프리다는 **정치**, 예술 그리고 책에 대해 이야기하기를 좋아하는 새로운 친구들의 모임을 알게 되었어요. 프리다는 그 친구들과 함께 수많은 파티에 참석했어요. 프리다는 혁명의 상징인 별을 재킷에 달았어요.

어느 파티에서 프리다는 디에고 리베라를 다시 소개 받았어요. 며칠 후, 프리다는 디에고에게 자신의 그림들을 보고 솔직하게 의견을 이야기해 달라고 부탁했어요. 디에고는 정말로 프리다의 그림이 마음에 들어서 그림 작업에 대해 프리다에게 좀 더 가르쳐 주기 시작했어요. 디에고는 프리다보다 스무 살 정도 나이가 많았어요. 그렇지만 함께 시간을 보내면서 두 사람은 사랑에 빠졌어요. 1929년 8월 21일, 프리다와 디에고는 결혼을 했어요. 프리다의 부모는 두 사람의 결혼을 탐탁지 않아 했어요. 마치 코끼리와 비둘기의 결혼 같다고 비난했어요.

무시무시한 사고를 겪었지만 프리다는 예술가로서도, 유명한

벽화가의 아내로서도 신나는 모험들을 즐겼어요. 프리다는 새로운 인생이 어떻게 펼쳐질지 거의 알지 못했어요. 프리다에게는 다른 나라들을 여행할 기회가 생기고, 재미있는 사람들을 많이 만나고, 자신의 예술을 보여 줄 수 있게 되었지요!

언제인가요?

| 1925 | 1928 | 1929 |

- 1925: 프리다가 사고를 당하다. 그림을 그리기 시작하다.
- 1928: 프리다가 파티에서 디에고를 다시 만나다.
- 1929: 프리다와 디에고가 결혼하다.

 디에고와 함께 여행하다

프리다는 남편 디에고가 좋아하는 음식의 요리법을 배우고 긴 시간이 필요한 남편의 그림 작업을 돕는 데 대부분의 시간을 보냈어요. 얼마 지나지 않아, 프리다는 자신의 그림 작업을 그만두게 되었어요. 그 시대에는 결혼한 여자들은 남편의 뒷바라지를 하는 것이 가장 중요했어요.

1930년, 디에고는 미국 캘리포니아주의 샌프란시스코에서 벽화를 그려 달라는 요청을 받았어요. 프리다는 남편과 함께 그곳에 갔어요.

샌프란시스코에서 프리다 부부는 밤에 열리는 멋진 파티에 자주 초대를 받았어요. 낮에 디에고가 그림을 그리는 동안 프리다는 혼자 시간을 보내야 했어요. 미국이 낯설었던 프리다는 멕시코와 가족을 몹시 그리워했어요. 이미 유명 인사였던 디에고는 프리다와 달리 샌프란시스코에서의 생활을 즐기고 있었어요. 디에고와 프리다는 미국에 남을 건지 멕시코로 돌아갈 건지를 놓고 자주 다투었어요.

어디인가요?

버스 사고가 난 지 몇 년이 지났지만, 프리다의 다리는 여전히 통증이 심했어요. 샌프란시스코에 있는 동안 프리다는 레오 엘로저라는 의사를 만났어요. 두 사람은 금세 친구가 되었어요. 의사인 엘로저는 프리다의 통증을 치료해 주었어요. 프리다는 마침내 다시 그림을 그리기 시작했어요. 프리다는 결혼식 날의 자신들의 모습을 담은 「프리다와 디에고 리비에라」라는 초상화를 그렸어요. 이 그림에서 디에고는 팔레트와 붓을 들고 있는 화가의 모습이고, 프리다보다 몸집이 굉장히 커요. 프리다는 자신의 외로움을 표현한 것 같았어요.

샌프란시스코 여성 예술인 협회에서 이 그림을 좋아하여 여섯 번째 전시회에서 소개했어요. 바로 이 작품이 사람들에게 보여 준 프리다의 첫 작품이었어요!

깊이 생각하기

여러분은 슬픔이나 속상함 등의 감정을 어떻게 표현하나요? 그림을 그리나요? 글을 쓰나요? 아니면 다른 방법으로 감정을 분출하나요?

집과 집을 이어 주는 다리

1931년 초, 프리다와 디에고는 멕시코로 돌아왔어요. 이후 둘은 자주 다투었어요. 디에고는 멕시코시티에 있는 산 안젤에 집 두 채를 지어서 다리로 연결했어요. 두 사람은 각자 개인 공간에서 살면서 언제든지 서로 오고 갈 수 있었어요. 프리다의 집 바깥 벽은 '라 카사 아줄(블루 하우스)'과 똑같이 파랗게 칠했어요.

11월에 뉴욕 시립 현대 미술관(모마 미술관)에서 디에고의 작

거짓 & 사실

거짓	사실
프리다는 디에고 리베라 덕분에 유명해졌다.	프리다의 재능과 다른 예술가들과의 교류에 힘입어 유명해졌다.

품을 전시하기로 했어요. 프리다와 디에고는 배를 타고 멕시코에서 뉴욕으로 항해를 했어요.

프리다는 뉴욕에서 지내면서 고향을 무척 그리워했어요. 그래서 「내 드레스가 그곳에 걸려 있어요」라는 그림을 그렸어요. 이 그림에는 뉴욕시를 가로지르는 빨랫줄이 나와요.

이 빨랫줄에는 프리다가 입는 멕시코 전통 드레스가 걸려 있어요. 뿐만 아니라 쓰레기통, 변기 그리고 불이 난 건물이 그려져 있어요. 프리다는 뉴욕을 좋아하지 않았던 것 같아요. 몸과 옷들은 미국에 있지만, 프리다의 마음과 정신은 멕시코에 있었어요.

1932년, 미시간주에 있는 디트로이트 예술 학교에서 디에고를 초청하여 벽화를 그려 달라고 했어요. 프리다와 디에고는 다시 짐을 챙겨 디트로이트로 옮겨 갔어요. 프리다는 미국 생활이 지루했어요. 멕시코로 돌아가고 싶었던 프리다는 디에고에게 자신이 어떻게 느끼고 있는지 솔직하게 이야기했어요.

마침내 프리다와 디에고가 멕시코에 있는 집으로 돌아가자, 프리다는 그림을 더 많이 그리기 시작했어요. 사람들은 디에고

만 그림을 잘 그리는 것이 아니라 프리다도 뛰어난 화가임을 알게 되었어요! 멕시코 대학교에서는 프리다를 초청하여 그룹 전시회에 프리다의 그림들을 전시했어요. 그 전시회에 온 뉴욕 화랑의 관계자가 프리다의 작품에 관심을 보였어요. 그 사람은 프리다에게 뉴욕에서 하는 전시회에 프리다의 그림들을 전시해도 되는지 물었어요. 프리다는 곧바로 그림을 그리기 시작했어요!

언제인가요?

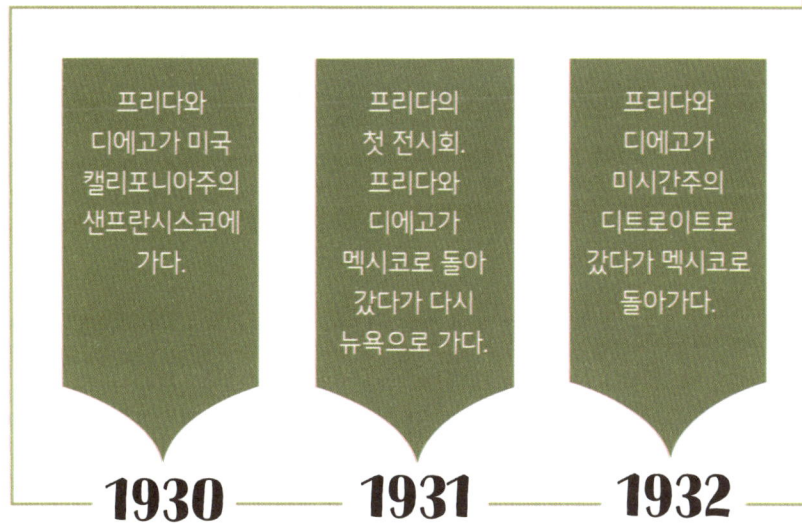

1930	1931	1932
프리다와 디에고가 미국 캘리포니아주의 샌프란시스코에 가다.	프리다의 첫 전시회. 프리다와 디에고가 멕시코로 돌아갔다가 다시 뉴욕으로 가다.	프리다와 디에고가 미시간주의 디트로이트로 갔다가 멕시코로 돌아가다.

뉴욕에서 전시하다

　1938년, 프리다의 작품들이 뉴욕에서 열린 전시회에 출품되었어요. 프리다가 마침내 멕시코가 아닌 다른 곳에서 예술가의 아내가 아니라 혼자만의 실력으로 인정받게 되었어요. 이번 여행의 목적은 프리다의 예술을 소개하는 것이었어요. 멕시코가 아닌 다른 나라에서 멕시코 예술가에게 전시회를 제안한 것은 남녀를 통틀어 처음 있는 일이었어요! 여자인 프리다가 전시회에 초대된 것은 훨씬 더 대단한 일이었어요!

　프리다의 예술은 사람들이 이전에 접했던 어떠한 것과도 달랐어요. 프리다의 예술은 돋보였어요. 그래서 프리다가 눈에 띄었어요.

　프리다는 자신의 작품이 사람들을 **불쾌**하게 한다 해도 신경 쓰지 않았어요. 프리다는 의지가 굳고 자신이 있었어요. 프리다는 자신의 관점이나 예술을 바꾸지 않았고, 뉴욕 사람들에게 맞추기 위해 멕시코 전통 의상을 포기하지도 않았어요. 그런데도 프리다의 작품 중 절반이 뉴욕 전시에서 팔렸어요!

프리다를 **초현실주의자**라고 생각하는 사람들도 있었어요. 초현실주의자란 실제 사물들을 마치 꿈이나 악몽에서 따온 것처럼 실제가 아닌 것 같이 보이도록 표현하는 예술가를 말해요. 훗날 다른 사람들이 프리다의 예술을 **마술적 사실주의**라고 불렀는데, 실제 사물들을 아주 특별한 기법으로 그렸기 때문이었어요. 예를 들면 「상처 입은 사슴」에서, 프리다는 실제 사슴 몸통에 사람인 자기 머리를 그려 넣었어요!

프리다의 그림들에는 숨겨진 이야기들이 있었어요. 그래서 프리다의 걸작들을 상징적이라고 생각하는 사람들이 있어요.

> **사람들은 내가 초현실주의자라고 생각하지만,
> 그렇지 않아요. 나는 꿈이나 악몽을 그린 적이 없어요.
> 나는 나만의 현실을 그렸어요.**

프리다는 자신이 사는 세상을 실제로 느끼는 대로 그렸다고 했어요. 프리다는 두 개의 심장으로 두 가지 삶을 살고 있다고 느꼈어요. 프리다는 이러한 생각을 「두 명의 프리다」에서 보여 주려고 애썼어요. 쌍둥이처럼 보이는 두 명의 프리다가 서로 손을 잡고 있고 두 사람의 심장이 긴 혈관으로 연결되게 그렸어요.

프리다가 뉴욕에서 성공을 거둔 후, 프랑스 파리의 루브르박물관에서 프리다의 자화상 한 점을 구입했어요. 프리다는 화려한 물감과 함께 알루미늄과 같이 색다른 재료들을 사용하여 이 자화상을 완성했어요. 「틀(프레임)」이라는 이 자화상은 1939년부터 루브르박물관에서 소장하다가 퐁피두 센터에서 소장하게 되었어요. 프리다는 20세기 멕시코 예술가들 가운데 처음으로 외국의 미술관에 그림이 소장된 화가이기도 해요!

깊이 생각하기

프리다의 친구들과 같은 예술가 그룹은 어떻게 서로를 지원해 준다고 생각하나요? 여러분이 하는 일을 응원해 주는 그룹이 있나요?

파리로 가게 되다!

미술관 전시를 위해 파리에 갈 일이 생기자 프리다는 혼자서 여행길에 올랐어요. 디에고는 멕시코에 남아 있었어요. 프리다는 아주 많은 사람들이 자신의 작업을 좋아해서 그 어느 때보다도 자신감을 느끼고 있었어요. 사람들과 어울리기를 좋아하는 프리다는

전 세계 어느 곳에 가든지 친구들을 많이 사귀었어요. 프리다는 **조지아 오키프**라는 미국인 예술가와 좋은 친구가 되었어요. 두 사람은 서로 편지를 주고받으며 시간이 나면 찾아가서 만났어요.

파리에서는 **후안 미로**와 **파블로 피카소**와 같은 유명한 예술가들이 프리다의 전시를 보러 와서 축하해 주었어요. **큐레이터**들과 박물관을 방문한 사람들이 프리다의 화려한 드레스와 독특한 예술 작품, 숱 많고 진한 눈썹 그리고 무엇보다도 의욕적인 태도를 사랑했어요.

프리다는 힘든 시간을 보냈지만, 레몬으로 레모네이드를 만들었어요. 다시 말해 프리다는 크나큰 고통과 외로움으로부터 예술을 만들어 낸 거라 할 수 있어요.

프리다는 파리에서 활동하고 있던 젊은 예술가 집단의 한 사람이 되었어요. 그 예술가들은 대부분 남자들이었어요. 디에고는 프리다의 예술을 지원해 주었어요. 하지만 프리다가 보고 싶

어서 그녀가 집으로 돌아오기를 바랐어요. 그렇지만 프리다가 돌아온 후에도 프리다와 디에고는 자주 다투었어요.

　프리다는 예술 세계에서는 많은 성공을 거두고 있었지만, 결혼 생활은 나빠지고 있었어요. 프리다는 다친 쪽 다리와 척추에 여전히 심한 통증이 있었어요. 그래서 걸을 때 지팡이를 짚었어요. 마음이 굳고 의지가 강한 프리다는 자신의 일을 계속했어요. 프리다는 자신의 인생에 어떠한 일이 닥쳐도 맞서 나갈 수 있다는 걸 알고 있었어요.

언제인가요?

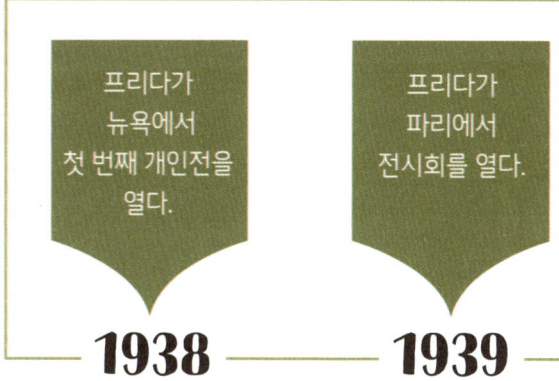

좋은 일 나쁜 일

1939년 멕시코로 돌아온 뒤에도 프리다는 여전히 고향을 그리워했어요. 프리다와 디에고는 프리다가 어린 시절에 살던 블루 하우스로 돌아가기로 결정했어요. 프리다와 디에고는 거미원숭이들과 공작을 키우고 개도 여러 마리 키웠어요. 프리다는 자기 주변의 사물들을 그리면서, 자기가 키우는 동물들을 그림에

자주 등장시켰어요. 프리다와 프리다의 동물들이 유명해지고 있었어요!

그즈음 프리다는 화가로서 점점 유명해지고 있었지만, 결혼 생활은 그렇지 못했어요. 여러 해 동안 다투고 싸우던 프리다와 디에고는 이혼하기로 결정했어요. 디에고는 블루 하우스를 나가서 산 안젤에 있는 집으로 돌아갔어요. 마음이 몹시 상한 프리다는 「상처 입은 테이블」이라는 그림 작업에 자신의 아픔을 담았어요. 이 그림은 사람의 다리가 달린 테이블이 피를 흘리는 모습이에요. 프리다가 결혼 생활이 망가지고 이혼에 이르기까지의 느낌을 상징적으로 표현한 거예요.

> **내가 날 수 있는 날개들이 있다면,
> 발이 왜 필요하겠어요?**

프리다의 건강도 점점 나빠지고 있었어요. 척추와 다리의 통증이 심해져서 걷는 것조차도 힘이 들었어요.

프리다의 건강이 나빠지다

 일 년 만에 프리다의 건강이 무척 나빠졌어요. 멕시코에 있는 의사들은 프리다에게 척추 수술을 하라고 했어요. 프리다는 어떤 일이든 결정하기 전에 의사인 엘로저를 만나 의견을 들으려고 샌프란시스코로 갔어요. 그런데 마침 그곳에서 디에고가 또 다른 벽화를 그리는 작업을 하게 되었어요. 프리다와 디에고는 이혼은 했지만, 서로 연락을 하며 지냈거든요. 두 사람은 여전히 서로를 깊이 사랑했어요.

깊이 생각하기

블루 하우스는 프리다가 편안하고 행복하다고 느끼는 장소였어요. 여러분은 그렇게 느끼는 곳이 있나요?

의사인 엘로저는 프리다에게 수술을 할 필요는 없지만, 침대에 누워서 지내야 한다고 했어요. 그러면서 디에고와 다시 결혼하라고 설득했어요. 디에고가 쉰네 번째 생일을 맞는 1940년 12월 8일, 프리다는 디에고와 두 번째 결혼을 했어요. 프리다는 디에고와 다시 결혼을 해서 기뻤어요. 프리다는 디에고와 함께 블루 하우스로 돌아갔어요. 프리다는 블루 하우스에서 쉬면서 병을 치료할 수 있었어요.

프리다는 꼼짝도 못하고 침대에 누워서 지냈지만, 프리다가 그린 그림들은 전 세계를 누비고 있었어요. 1940년, 프리다의 작품이 미국 매사추세츠주 보스턴에 있는 '더 인스티튜트 오브 컨템퍼러리 아트(현대 미술 학교)'에서 열리는 전시회에 출품되었어요. 또한 프리다의 「땋은 머리를 이고 있는 자화상」으로 인해 뉴욕 시립 현대 미술관(MoMA)에서 열린 전시를 「20세기 자화상들」이라고 불렀어요.

프리다의 몸이 조금 나아지던 중, 1941년에 프리다의 아버지가 갑자기 돌아가셨어요. 아버지와 특별히 사이가 좋았던 프리다는 무척 슬퍼하다가 깊은 우울증에 빠졌어요. 프리다의 기분을 나아지게 해 주는 것은 '라 카사 아줄(블루 하우스)'과 프리다가 키우는 모든 동물들, 그리고 무엇보다도 자신의 예술뿐이었어요.

사랑하는 아버지가 안 계셔도 삶은 계속되었으므로, 프리다는 계속 그림을 그렸어요.

프리다는 아버지도 자신이 그렇게 하길 원했을 거라는 걸 알고 있었어요.

전 세계의 화랑과 미술관에서 프리다의 작품을 전시하기 위해 허락을 구했어요.

언제인가요?

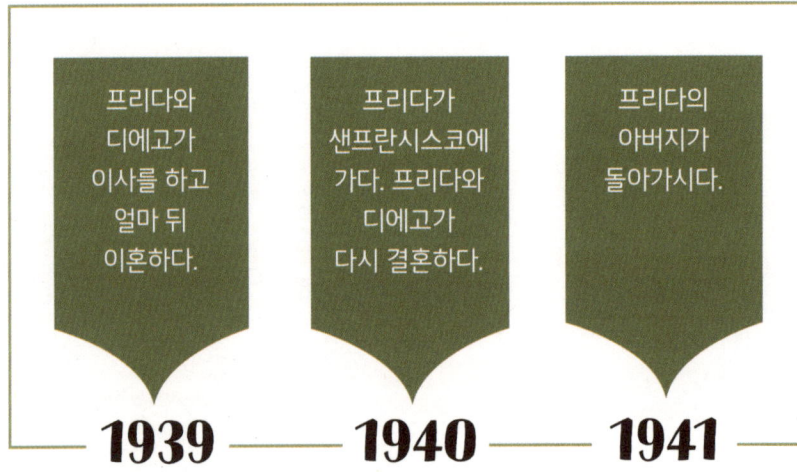

프리다와 디에고가 이사를 하고 얼마 뒤 이혼하다. — 1939

프리다가 샌프란시스코에 가다. 프리다와 디에고가 다시 결혼하다. — 1940

프리다의 아버지가 돌아가시다. — 1941

프리다는 예술을 가르치기 시작하면서 또 다른 행복감을 맛보았어요. 프리다에게는 디에고가 있었을 뿐만 아니라 예술 세계에 많은 선생님들이 있었어요.

프리다는 이제 젊은 예술가들에게 선생님이 되어야 했어요!

학생에서 선생님이 되다

프리다가 예술가로서의 활동을 시작했을 때, 디에고는 프리다에게 선생님과 같았고 프리다는 디에고의 학생 같았어요.

몇 년 후, 프리다는 멕시코시티에 있는 국립예술학교(스페인어로 '라 에스메랄다')의 선생님이 되었어요. 프리다의 학생들은 프리다를 사랑했고 프리다의 작품을 무척 우러러보았어요. 학생들은 스스로를 '로스 프리도스' 또는 '프리다의 팬들'이라고 불렀어요. 그런데 안타깝게도 학생들을 가르치기 시작하고 겨우 몇 달 만에 프리다의 건강이 무척 나빠졌어요. 그렇지만 프리다는 계속해서 학생들을 가르치기로 결심했어요. 쉬면서 치료를 받는 동안 프리다는 학생들을 블루 하우스로 초대했어요. 그래서 학생들은 프리다에게 배울 수 있었어요.

프리다는 끊임없이 그림을 그리면서 멕시코에서 자신의 작품 전시도 계속했어요.

이 시기에 그린 중요한 그림 두 가지는 프리다와 멕시코가 연

깊이 생각하기

한때 학생이었던 사람이 선생님이 되는 것이 왜 중요할까요?

결되어 있다는 것을 보여 주는 「뿌리」와 「원숭이와 함께 있는 자화상」이었어요. 프리다는 동물에 대한 사랑을 절대로 잃지 않은 화가였는데, 이 그림이 그 증거였어요!

마지막 전시회

프리다는 오래 전부터 사랑하는 고국인 멕시코에서 자신의 작품으로만 개인 전시회를 열고 싶었어요. 마침내 1953년, 멕시코시티의 현대 미술 갤러리에서 프리다의 작품 전시회를 열었어요.

의사는 프리다에게 움직이는 게 위험하니, 침대에 누워 있어야 한다고 말했어요.

프리다는 사람들에게 자기를 들것에 올려서 전시회장으로 옮겨 달라고 했어요. 전시회장의 입구도 크게 만들고 미리 가져다

놓은 캐노피 침대에 사람들이 프리다를 눕혔어요. 그렇게 해서, 프리다는 침대에 누운 채 오프닝 파티에 참석할 수 있었어요.

프리다는 의사 선생님이 하라는 대로 침대에 누워 있었다고 말했는데, 프리다는 자신의 전시회에 침대를 옮겨 왔던 거예요!

프리다는 몸이 점점 더 약해져서 더 이상 고통을 참을 수 없었어요. 안타깝게도 프리다는 1954년 7월 13일 블루 하우스에서 숨을 거뒀어요. 마흔일곱 번째 생일을 맞은 지 겨우 며칠 후였어요.

강인함과 놀라운 재능으로 모든 이의 본보기상이었던 프리다의 시신은 대중들이 볼 수 있도록 멕시코 예술 궁전(벨라 아르테스 궁전)에 안치되었어요. 사람들은 멕시코의 뛰어난 예술가인 프리다에게 존경심을 표하고 마지막 인사를 했어요.

프리다의 예술은 우리들이 사는 세상을 바꾸어 놓았어요. 프리다가 유명해지면서 멕시코에 대한 관심도 높아졌고, 전 세계 여성 예술가들이 좀 더 존중 받을 수 있는 세상이 되었어요.

프리다가 말년에 그린 그림들 중 하나는 「비바 라 비다」(인생이여 영원하라)라는 이름으로 불렸어요. 프리다는 세상을 떠났지만, 그녀에 대한 기억과 예술은 오늘날 전 세계 미술관과 예술 학교에 살아 있어요.

> **나는 꽃들을 그려요.
> 그 꽃들은 죽지 않을 거예요.**

프리다는 자신의 예술을 다른 사람들에게 알리지 않고 계속 자기만의 것으로 하면서 유명한 벽화가의 아내로만 알려질 수도 있었어요. 자신에게 닥친 불운과 허약한 건강 상태로 인해 주저앉을 수도 있었어요. 하지만 프리다는 그러지 않았어요. 고통과 슬픔을 딛고 프리다는 아름답게 자화상을 그리고 자신의 예술을 통해 이야기들을 들려주었어요. 뿐만 아니라 자신의 이야기들을 세상과 나누었어요.

프리다의 작품은 멕시코의 아름다움을 세상 사람들에게 보여 주었어요. 그래서 사람들은 프리다에 대해 알게 되고 그녀가 열심히 살아가는 모습을 보게 되었어요.

자신의 예술을 통해, 프리다는 뉴욕의 공해 문제나 멕시코 혁명과 같은 것들에 대해 서슴지 않고 의견을 냈어요. 오늘날, 프리다 칼로는 예술 작품이나 짙은 눈썹으로만 유명한 것이 아니라, 힘든 순간에도 멈추지 않는 용기와 일을 추진하는 능력으로 유명해요.

프리다가 죽고 난 후 프리다의 작품들은 훨씬 더 주목을 받았어요. 프리다가 남긴 걸작들은 샌프란시스코, 보스턴, 뉴욕, 파리 그리고 멕시코시티 미술관들에서 전시되고 있어요.

프리다 만세!

언제인가요?

8장

그래서 프리다 칼로는 어떤 인물인가요?

도전 퀴즈

프리다의 인생과 업적에 대해 많이 알고 있는 지금, '누가, 무엇을, 언제, 어디서, 왜, 그리고 어떻게' 퀴즈로 새로 알게 된 지식을 간단하게 테스트해 봅시다. 필요하면 본문을 다시 찾아보면서 답을 찾아도 됩니다. 하지만 먼저 기억을 떠올리도록 노력하세요!

 프리다는 어디에서 태어났나요?

→ ① 캘리포니아주, 샌프란시스코
→ ② 미시간주, 디트로이트
→ ③ 멕시코, 코요아칸
→ ④ 뉴욕주, 뉴욕시

 프리다가 여섯 살이 되었을 때 생긴 병은 무엇이었나요?

→ ① 홍역
→ ② 소아마비
→ ③ 유행성이하선염
→ ④ 수두

 프리다는 왜 누워서 그림을 그렸나요?

→ ① 몸이 아프고 크게 다쳐서 누워서 지내야만 했다.
→ ② 서 있는 것을 싫어했다.
→ ③ 게을렀다.
→ ④ 부모님이 시켰다.

 프리다의 남편은 누구였나요?

→ ① 파블로 피카소
→ ② 후안 미로
→ ③ 오귀스트 로댕
→ ④ 디에고 리베라

 프리다가 학교에서 그녀의 남편을 처음 만났을 때 몇 살이었나요?

→ ① 12살
→ ② 18살
→ ③ 15살
→ ④ 21살

 프리다는 어떤 그림을 그리는 걸 좋아했나요?

→ ① 동물들과 자화상
→ ② 지도와 산들
→ ③ 아이스크림과 이글루
→ ④ 달과 해

 프리다는 멕시코에서 처음으로 개인 전시회를 열 때 언제 어디에서 했나요?

→ ① 1907년 블루하우스
→ ② 1953년 멕시코시티 현대 미술 갤러리
→ ③ 1930년 두 집을 다리로 연결한 집에서
→ ④ 1922년 자신이 나온 고등학교

Q8 프리다를 왜 여성 본보기상이라고 하나요?

→ ① 멕시코의 여성 예술가들 가운데 처음으로 인정받은 사람이었다.
→ ② 지팡이를 짚고 걸었다.
→ ③ 유명한 오페라 가수였다.
→ ④ 잘 알려진 예술가와 결혼했다.

Q9 프리다의 그림 전시회가 열렸던 세 도시는 어디였나요?

→ ① 캘리포니아주의 샌프란시스코, 펜실베이니아주의 필라델피아, 이탈리아의 로마
→ ② 미시간주의 디트로이트, 뉴멕시코주의 타오스, 코스타리카의 산호세
→ ③ 프랑스의 파리, 멕시코의 멕시코시티, 뉴욕주의 뉴욕시
→ ④ 플로리다주의 마이애미, 멕시코의 멕시코시티, 하와이주의 마우이

Q10 프리다는 누구와 가장 가까웠나요?

→ ① 딸
→ ② 엄마
→ ③ 사촌
→ ④ 아빠

답) 1.③, 2.②, 3.①, 4.④, 5.③, 6.①, 7.②, 8.①, 9.③, 10.④

우리의 세상

프리다의 삶과 작업은 오늘날 우리가 사는 세상을 바꿔 놓았어요. 프리다가 살아온 방식과 예술을 창조한 방식으로 인해 달라진 몇 가지를 살펴봅시다.

- 오늘날 여성 예술가들은 프리다가 살던 시대의 여성 예술가보다 훨씬 잘 알려져 있어요. 뿐만 아니라 그림으로 더 많은 수입을 얻고 있지요. 1977년, 프리다 재단은 프리다의 첫 회화 작품을 19,000 달러에 팔았어요. 2016년에는 프리다의 작품 하나를 800만 달러에 팔았어요. 프리다가 태어나기 바로 전까지만 해도, 여성 예술가들은 미술관에서 작품 전시회를 하기 어려웠어요. 오늘날 여성 예술가들은 전체 예술가의 46 퍼센트를 차지하고 있어요.

- 멕시코 문화와 상징물은 점차 미국 문화의 한 부분을 이루게 되었어요. 미국의 많은 학교나 식당, 그리고 박물관에서 파펠 피카도(정교한 디자인을 티슈 페이퍼로 잘라 만든 멕시코 전통 장식 공예품)로 만든 비둘기나 멕시코의 다른 상징물을 볼 수 있어요. 멕시코에서 미국으로 이민 온 사람들이 많아서이기도 하지만, 프리다가 이러한 상징물들을 자주 그림에 표현하여 전 세계 사람들이 그 의미를 알게 되고 받아들였기 때문이에요.

- 결혼한 부인들은 종종 남편의 뒤나 남편의 그림자 안에 서 있지요. 프리다는 디에고보다 뛰어나 스스로 유명해졌어요. 프리다를 본받아 여성들은 자신들의 경력을 쌓는 데 전념하게 되었어요. 예술을 통해 자신의 이야기를 들려주고 싶어 한 프리다의 열망과 의욕적인 성격은 많은 여성들(그리고 남성들)에게 자신만의 길을 나아갈 수 있는 영감을 주었어요.

이제 프리다가 무엇을 했고 프리다의 예술과 용기가 지금 우리가 살아가고 있는 세상에 어떤 영향을 주었는지 생각해 봅시다.

- 프리다의 예술과 그로 인해 프리다가 관심을 받은 것은 다른 예술가들이 주목받고 빛을 내는 데 어떻게 도움이 되었나요?

- 프리다는 병을 앓고 큰 부상을 당하고서도 예술을 포기하지 않았어요. 프리다의 결심이 여러분이 힘들 때 이겨 낼 수 있도록 어떻게 영감을 줄까요?

- 프리다는 자화상을 그리면서 어떻게 자신의 이야기를 하게 되었을까요?
  여러분은 어떻게 여러분의 이야기를 할 수 있을까요? 글로? 음악이나 예술을 통해?

낱말 풀이

마술적 사실주의 상상이나 환상적인 장면을 사실적인 기법으로 그리는 것.

메스티소 유럽인과 아메리카 대륙 원주민 사이에서 태어난 사람을 가리키는 말.

멕시코 혁명 1910년 멕시코에서 일어난 혁명으로, 독재자 포르피리오 디아스를 타도하기 위해 시작되었다. 1930년대에 새로운 정당이 통치를 하게 되면서 끝났다.

불쾌 다른 사람이 한 행동이나 말 때문에 기분이 좋지 아니함.

상징 어떤 생각이나 물체를 의미를 지닌 기호나 표지로 나타내는 것.

소아마비 척추의 신경에 영향을 미치고 특정 근육을 영구적으로 움직일 수 없게 만드는 심각한 질병.

이민자 자신이 태어나고 자란 나라를 떠나 다른 나라에서 정착한 사람.

자화상 스스로 그린 자기의 초상화.

전시회 미술관이나 박물관에서 예술 작품들이나 특정한 물건을 진열하여 보여 주는 일.

정부 국가와 도시 또는 지역 사회의 체계를 세우는 규칙이나 제도들을 통제하고 결정을 내리는 국가 기관.

정치 나라를 다스리는 일. 국민들이 인간다운 삶을 살 수 있도록 하고 상호 간의 이해를 조정하며, 사회 질서를 바로잡는 따위의 역할을 한다.

조지아 오키프 대형 꽃, 동물의 유골, 뉴욕의 고층 건물들과 뉴멕시코의 풍경화를 그린 것으로 유명한 미국의 화가.

초현실주의 실제 사물을 마치 꿈이나 악몽에서 본 것처럼 비현실적으로 보이게 하는 방식으로 그림을 그렸던 20세기의 예술 운동.

큐레이터 박물관이나 미술관 등에서 유물 관리, 자료 전시, 홍보 등을 하는 사람.

파블로 피카소 세계적으로 유명한 스페인의 화가로 콜라주와 혼합 매체를 사용하여 그림을 그렸다. 검푸른색이나 짙은 청록색을 띤 색조의 그림들과 그릴 대상을 네모, 세모 등의 기하학 도형으로 그린 그림들이 많이 남아 있다.

현미경 눈으로 볼 수 없는 아주 작은 사물을 크게 확대하여 볼 수 있게 해 주는 기구.

후안 미로 스페인 바르셀로나에서 태어난 화가이자 조각가 겸 도예가.

THE STORY OF FRIDA KAHLO by Susan B. Katz, Illustrated by Ana Sanfelippo
Text © 2020 by Callisto Media, Inc.
Illustrations © 2019 Ana Sanfelippo; Creative Market/Mia Buono, pp 3, 11, 22, 32, 35, 45, 54.
All rights reserved.
First published in English by Rockridge Press, an imprint of Callisto Media, Inc.
This Korean edition was published by Kyohak Publishing Co., Ltd. in 2024
by arrangement with Callisto Media Inc. through KCC(Korea Copyright Center Inc.), Seoul

이 책은 ㈜한국저작권센터(KCC)를 통한 저작권자와의 독점계약으로 ㈜교학사/함께자람에서 출간되었습니다.
저작권법에 의해 한국 내에서 보호를 받는 저작물이므로 무단전재와 복제를 금합니다.

꿈을 이룬 인물 탐구 3

프리다 칼로
고통을 예술로 승화시키다

2024년 6월 14일 초판 1쇄 발행

글쓴이	수잔 카츠
그린이	안나 산펠리포
옮긴이	양진희
펴낸이	양진오
펴낸데	㈜교학사
주　소	서울특별시 마포구 마포대로 14길 4
전　화	영업 (02) 707-5147　편집 (02) 707-5350
등　록	1962년 6월 26일 (18-7)
편　집	조선희, 신희채

ISBN 978-89-09-55143-4 74840
　　　978-89-09-55086-4 (세트)

잘못 만들어진 책은 구입하신 서점에서 바꾸어 드립니다.
이 책 내용의 전부 또는 일부를 재사용하려면 반드시 지은이와 ㈜교학사 양측의 동의를 받아야 합니다.
⚠️**주의** 책 모서리가 날카로우니 떨어뜨리지 않도록 주의하시고, 책장을 넘길 때 베이지 않도록 주의하시기 바랍니다.(사용 연령:만 8세 이상)

함께자람은 ㈜교학사의 유아·어린이 책 브랜드입니다.